AF099251

PAIDEIA
ÉDUCATION

MIXTE
Papier issu de sources responsables
Paper from responsible sources
FSC® C105338

JEAN-PAUL SARTRE

La Nausée

Analyse littéraire

© Paideia éducation.

22 rue Gabrielle Josserand - 93500 Pantin.
ISBN 978-2-7593-0381-6
Dépôt légal : Juin 2023

Impression Books on Demand GmbH

In de Tarpen 42

22848 Norderstedt, Allemagne

SOMMAIRE

- Biographie de Jean-Paul Sartre.............................. 9

- Présentation de *La Nausée*............................... 15

- Résumé du roman.. 19

- Les raisons du succès..................................... 33

- Les thèmes principaux..................................... 37

- Étude du mouvement littéraire............................ 43

- Dans la même collection.................................. 47

BIOGRAPHIE DE
JEAN-PAUL SARTRE

Jean-Paul-Charles-Aymard-Léon-Eugène Sartre, fils unique, naît le 21 juin 1905 à Paris, dans une famille bourgeoise. Son père, Jean-Baptiste Sartre, est militaire et sa mère, Anne-Marie Schweitzer, est la cousine d'Albert Schweitzer. Mais Sartre n'aura pas le temps de connaître son père : alors qu'il n'a que quinze mois, son père meurt d'une grave maladie. Ils s'installent alors chez les grands-parents maternels de Sartre : Charles et Louise Schweitzer. Chez eux, ce sera Charles qui assurera le rôle de la figure paternelle : il fera découvrir au petit « Poulou », comme on l'appelle alors, la littérature, et l'éduquera pendant dix ans, notamment à la littérature, son grand-père possédant une impressionnante bibliothèque. De l'autre côté, la relation qu'il entretiendra avec sa mère se compliquera un petit peu. Il devient pour elle plus qu'un fils, elle lui associe la figure d'un homme – par défaut, depuis qu'elle a perdu son mari. Ils ont alors une relation très fusionnelle, ce qui marquera Sartre. Par compassion, et par espoir pour son avenir, il est, pendant les dix années qu'il passe chez ses grands-parents, le centre de toutes les attentions, choyé par toute la famille. Sans doute cela va-t-il contribuer à faire émerger en lui un certain narcissisme, qui va de pair avec sa préférence pour les livres plutôt que la fréquentation des autres enfants.

En 1915, Sartre entre en sixième au lycée Henri IV, et il y fait la connaissance de Paul Nizan. Il y fait également sa cinquième.

En 1917, c'est un certain bonheur qui s'achève. Sa mère se remarie avec Joseph Mancy, ingénieur de la marine, et tous les trois déménagent pour s'installer à La Rochelle. C'est une double rupture : l'enfance joyeuse, passée dans le giron de ses grands-parents, s'achève, et en même temps, ce nouvel homme dans la vie de sa mère affaiblit la relation qu'elle avait avec Jean-Paul. Il ne cessera jamais de haïr son beau-père. Il reste pendant trois ans à La Rochelle, mais, malade, il revient à Paris avec sa mère et son beau-père en 1920.

Cette même année, il réintègre le lycée Henri IV et retrouve Paul Nizan, qui deviendra un très grand ami. Ensemble, ils prépareront le concours d'entrée de l'Ecole Normale Supérieure au lycée Louis-le-Grand, et ils seront tous deux reçus, entrant à l'ENS en 1924. Sartre se fait remarquer en étant l'instigateur de toutes les plaisanteries, ce qui ne l'empêche pas de travailler d'arrache-pied. À l'ENS, il se fait des amis comme Raymond Aron ou Maurice Merleau-Ponty.

Après avoir échoué une première fois au concours de l'agrégation de philosophie en 1928, où il dira lui-même qu'il a fait preuve de trop d'originalité, il sera reçu premier l'année suivante. La seconde place revient à une jeune femme qu'il a connu au cours de l'année où il préparait le second concours de l'agrégation : Simone de Beauvoir, qu'il surnommera toute sa vie le « Castor », en faisant référence à sa traduction en anglais « beaver », un mot proche de « Beauvoir ». Elle devient sa compagne et le restera toute sa vie, même s'ils fréquenteront d'autres personnes chacun de leur côté.

Durant les quelques années qui suivent, il rédige ses premiers écrits. Professeur de philosophie au Havre, puis à Neuilly, il publie *La Nausée* en 1938 et *Le Mur* en 1939. Mais le véritable tournant de sa vie se joue pendant la guerre.

Mobilisé, il est fait prisonnier en 1940. Il parvient à sortir du camp où il était enfermé en 1941, à la faveur d'un faux certificat médical. Cette expérience l'a transformé. Lui qui était un anarchiste peu intéressé par les affaires du monde va repenser tout son système de pensée, avec une seule idée : celle de s'engager. Il fonde immédiatement un mouvement résistant, le mouvement « Socialisme et liberté », qui compte dans ses rangs Simone de Beauvoir. Mais il se dissout à la fin de 1941, ce qui ne va pas empêcher

Sartre de continuer, d'une certaine manière, la Résistance.

En 1943, il fait jouer *Les Mouches*, et en 1944, *Huis Clos*, qui dénonce cependant moins l'occupation. La même année paraît *L'Être et le Néant*.

Après la guerre, Sartre triomphe : il règne sur les lettres françaises pendant plus de dix ans. Sa philosophie, l'existentialisme, connaît un énorme succès. Sa conférence d'octobre 1945 est retranscrite dans *L'Existentialisme est un humanisme*. En 1945, le premier volume des *Chemins de la liberté, L'âge de raison,* paraît. La même année est publié le second volume, *Sursis*, et le troisième, *La Mort dans l'âme*, en 1949. Son œuvre théâtrale est alors riche : en 1946 sont jouées *La Putain respectueuse* et *Morts sans sépulture*, et en 1948 *Les Mains sales*. En 1951, *Le Diable et le bon Dieu* est créée. Jean-Paul Sartre est attiré par les idées du Parti Communiste Français, et du marxisme en général, directement sous les directives de l'URSS, et, s'il ne veut pas les rejoindre d'abord, il les épousera entre 1952 et 1956. En 1959, il fait jouer *Les Séquestrés d'Altona*.

À partir de 1960, son influence décroît un peu, mais elle est loin de disparaître. Il soutient la révolution cubaine de 1960. Un autre coup d'éclat fait grand bruit. En 1964, il refuse le prix Nobel de littérature, qui lui était décerné pour l'ensemble de son œuvre à l'occasion de la parution de son autobiographie, *Les Mots*. Il dira qu'il refuse d'être récompensé pour une œuvre qui suit exactement les canons de la littérature, auxquels il ne veut ni ne peut se soumettre. En 1965 sont créées *Les Troyennes*.

Il participe aux événements de mai 68, soutient le mouvement Mao et s'intéresse au conflit israélo-palestinien. Le seul titre honorifique qu'il acceptera de sa carrière sera d'ailleurs celui de « docteur honoris causa » de l'Université de Jérusalem, affirmant vouloir ainsi créer une liaison entre

Israéliens et Palestiniens. Après encore quelques autres coups médiatiques, d'une santé qui s'est grandement détériorée, Jean-Paul Sartre meurt d'un œdème pulmonaire le 15 avril 1980 à Paris. Cinquante mille personnes accompagnèrent son cortège lors de son enterrement, le 19 avril 1980, pour lui rendre un dernier hommage. Un jeune garçon dira à la fin de la journée : « Je suis allé à la manif' contre la mort de Sartre. »

PRÉSENTATION DE LA NAUSÉE

« Je ne peux plus parler, j'incline la tête. Le visage de l'Autodidacte est tout contre le mien. Il sourit d'un air fat, tout contre mon visage, comme dans les cauchemars. Je mâche péniblement un morceau de pain que je ne me décide pas à avaler. Les hommes. Il faut les aimer les hommes. Les hommes sont admirables. J'ai envie de vomir – et tout d'un coup ça y est : la Nausée. » Le roman qui lance la carrière littéraire de Jean-Paul Sartre affiche d'emblée son programme : traiter de la nausée, cette impression indéfinie, que chaque être peut être amené à ressentir, au moment où il s'interroge sur l'existence, et sur le sens qu'a son existence. Fruit de huit années de travail, où tout ce qu'apprit Sartre en Allemagne, sur la phénoménologie et l'existentialisme, marqua son œuvre jusque dans les moindres détails, ce livre reçut un chaleureux accueil de la part du public littéraire de la veille de la Seconde Guerre Mondiale, grâce peut-être aussi à Gallimard, qui n'accepta de publier le roman qu'au prix d'un changement de titre – passant de *Melancholia* à *La Nausée* - et de la suppression d'une quarantaine de pages, par rapport à la version que lui proposa Sartre au printemps 1937. Et quelle titre plus adapté ? Cette nausée est si forte qu'elle déborde, qu'elle atteint chaque lecteur, qui n'est d'abord pas effrayé par le titre même. Se dévoile alors l'histoire d'Antoine Roquentin, cet homme qui dut affronter la Nausée avant de pouvoir s'en défaire, et de comprendre, un peu plus tard que Proust, que l'art seul peut vaincre le temps. La guerre a révélé à Beckett la réalité du silence, la matérialité d'un temps qui ne passe pas, qui s'éternise. C'est aussi après la guerre que Beckett sait ce qu'est l'incommodité matérielle (la manque de nourriture, les vêtements en lambeaux, les chaussures qui blessent les pieds) et l'inquiétude des lendemains. *En attendant Godot* s'inscrit dans les années de l'immédiat après-guerre. Jérôme Lindon s'engage à faire publier le texte aux éditions de Minuit tandis qu'à titre privé quelques personnes tentent de se cotiser pour que le spectacle voie le jour. Une telle émulation autour de la pièce suscite la curiosité du public et la conduit au succès.

RÉSUMÉ DU ROMAN

Avertissement des éditeurs

On apprend quelques éléments sur la vie d'Antoine Roquentin et la façon dont ce journal a été écrit.

Feuillet sans date

Antoine Roquentin hésite sur le fait de tenir un journal ou non. Il se rappelle d'un galet qu'il a pris quelques jours plus tôt, et qu'il a soudain laissé tomber, sans savoir pourquoi. Ce journal sera pour lui un moyen d'être sûr qu'il n'est pas fou.

10 heures et demie

Antoine croit qu'il est guéri. Il décrit ce qu'il voit de la fenêtre de sa chambre : le *Rendez-vous des Cheminots*, et des personnes qui attendent le tramway. Il est rassuré de voir que tout se déroule normalement, comme d'habitude. Il va alors se coucher.

Journal

Lundi 25 janvier 1932

Antoine Roquentin comprend qu'il y a finalement bien quelque chose qui a changé en lui. Seulement, en tant qu'historien, il n'est pas très doué pour la psychologie. Quand l'Autodidacte, Ogier P., est venu lui dire bonjour le matin même, il ne l'a pas tout de suite reconnu.

Il est sûr que c'est lui qui a changé, et pas les choses autour de lui. Il se rappelle comment il a été amené à partir en Indochine, avec Mercier, un fonctionnaire, et comment au bout de six ans il a décidé de revenir en France, dégoûté tout à coup.

Mardi 26 janvier

Roquentin a travaillé de neuf heures du matin à une heure de l'après-midi à la bibliothèque. Il est au café Mably et regarde les gens autour de lui : M. Fasquelle, le gérant du café, et des jeunes qui jouent et discutent entre eux. Il se sent alors seul. Il ne compte pas l'Autodidacte, ni Françoise, la patronne du *Rendez-vous*, avec qui il couche de temps en temps. Il a des souvenirs de sa jeunesse : quand il avait huit ans et qu'il jouait au Luxembourg, et quand il s'amusait à ramasser les papiers, comme il avait fait ce matin même.

Jeudi matin, à la bibliothèque

En quittant son hôtel, Roquentin a entendu Lucie se plaindre à la patronne pendant qu'elle nettoyait les marches.

Jeudi après-midi

Roquentin relie des notes de *Mirabeau-Tonneau et ses amis*, un ouvrage de Germain Berger, qui lui ont fait découvrir Rollebon, et qu'il n'avait pas relu depuis longtemps. Il se plaint de ne plus comprendre Rollebon à partir de 1801. Il émet des hypothèses, mais il avoue lui-même que ce ne sont que des hypothèses, qui ne sont pas vraies, et font de lui plus un romancier qu'autre chose.

Vendredi

À trois heures de l'après-midi, Roquentin n'arrive pas à

travailler. Il dit que c'est à cause du soleil, de sa lumière. Mais Antoine n'arrive pas non plus à savoir si Rollebon a participé à l'assassinat de Paul 1ᵉʳ ou non. Après avoir lu quelques avis d'autres historiens, qui ne le convainquent pas vraiment, il se lève et voit son reflet dans la glace. Il se décrit, mais ne peut pas juger son visage. Il manque de tomber parce qu'il s'endort, mais il se réveille à temps. Roquentin ne pourra plus travailler jusqu'à la nuit tombée.

5 heures et demie

Roquentin sent la nausée l'envahir, alors qu'il est au *Rendez-vous des Cheminots*. Il venait pour faire l'amour avec la patronne mais s'est assis et a commandé quand Madeleine, la serveuse, lui a dit qu'elle n'était pas là. Il observe autour de lui : Adolphe, le cousin de la patronne, et ses bretelles violettes, les gens qui jouent aux cartes à sa droite. Il demande alors à Madeleine de faire jouer au phonographe un morceau de *rag-time*, *Some of these days*, un morceau qui lui plaît. C'est surtout le refrain qu'il aime, et quand il l'entend, la nausée disparaît. Pendant ce temps, il a évoqué ses souvenirs. La chanson finie, il quitte le *Rendez-vous*. Il traverse le boulevard Victor-Noir jusqu'à l'avenue Galvani. Là il aperçoit un couple qui a l'air de se disputer. L'homme part et la femme le suit. Quand Roquentin arrive à sa hauteur, il voit que c'est Lucie.

Jeudi 11 heures et demie

Roquentin fume une pipe dans la cour des Hypothèques, une place pavée. Il observe la statue de Gustave Impétraz, dont il a lu quelques lignes dans la *Grande Encyclopédie*. L'Autodidacte le surprend en arrivant par derrière et ils conversent un peu. Puis ils remontent dans la bibliothèque. Roquentin prend *Eugénie Grandet* sur la table, et le lit. Il demande ce que lit l'Autodidacte et ce dernier lui tend les livres qu'il a pris : *La Tourbe et les tourbières* de Larbalétrier et *Hitopadèsa ou l'Instruction utile* de Lastex. Roquentin considère que ce sont de bonnes lectures.

3 heures

Roquentin s'est remis au travail. Il déchiffre le titre d'un livre que vient de prendre l'Autodidacte : *La Flèche de Caudebec*, de Julie Lavergne. Roquentin a alors une illumination : en repensant aux précédents auteurs dont il a lu les ouvrages, il a compris la méthode de l'Autodidacte : « Il s'instruit dans l'ordre alphabétique. »

Vendredi, 3 heures

Roquentin regarde par la fenêtre, puis il se promène dans sa chambre avant de s'allonger sur son lit. Il évoque ses souvenirs, d'il y a deux ans. Il entend frapper. C'est l'Autodidacte : il lui avait promis de lui montrer ses photos de voyage. Il en observe quelques-unes, ils parlent un peu, et l'Autodidacte lui demande s'il a eu des aventures. Roquentin dit que oui, mais il refuse de les raconter. Il lui donne beaucoup de photos, de gravures et de cartes postales, et le met dehors. Tout seul, il pense à la définition d'une aventure.

Samedi midi

Roquentin va à la bibliothèque et y voit l'Autodidacte observer un collégien à côté de lui en souriant, mais il ne lui parle pas. Il continue ses réflexions sur ce qui fait d'un événement banal une aventure.

Dimanche

Roquentin est sorti mais il n'a pas tout de suite remarqué que c'était dimanche. Quand il l'a compris, il décide de se rendre dans la rue Tournebride, surnommée le « Petit Prado » pour voir les « élégants et les notables » défiler. Après avoir expliqué le destin de cette rue, il décrit ce qu'il voit dans ce défilé, lui qui surplombe tout le monde. Puis il se rend à la brasserie Vézelise et après avoir regardé autour de lui, il lit Eugénie Grandet un peu, mais finit par écouter la conversation d'un couple qui s'est assis à côté de lui. Roquentin finit par fermer son livre et va se promener. Il est trois heures. Il suit la rue Bressan, observe une famille qui part se promener et décide d'aller sur la Jetée-Promenade. Il y observe tout le monde qui marche bien moins cérémonieusement que le matin, dans la rue Tournebride, profitant du soleil. Puis le soleil se couche.

Il retourne dans la rue Tournebride. Il a le sentiment qu'il va lui arriver une aventure, que quelqu'un l'attend, et décide de suivre quelques rues. Mais il ne lui arrive rien, et il se retrouve devant le café Mably, alors que le dimanche s'achève.

Lundi
Roquentin réfléchit encore à la définition de l'aventure, à celle du temps, et il se souvient de l'époque où il était à Aden et Anny, à Djibouti, qu'il rejoignait, même pour une journée.

7 heures du soir

Roquentin a bien travaillé, mais il est face à une énigme en ce qui concerne un voyage de Rollebon en Ukraine en 1804. Il se dit que Rollebon aurait pu ne pas lui mentir, et il se met à se l'imaginer. Mais il se reprend : il ne fait pas un roman sur la vie du marquis.

11 heures du soir

Roquentin a fait l'amour avec la patronne du *Rendez-vous* et s'est endormi. Il a alors fait un étrange rêve, qu'il décrit.

Mardi gras

Roquentin raconte un autre rêve qu'il a fait. Il se lève, et au bas de l'escalier de l'hôtel, la patronne lui dit qu'il a reçu une lettre. Elle est d'Anny. Datée du 1er février, elle lui demande de venir le 20. C'est l'occasion pour Antoine d'évoquer d'autres souvenirs d'elle, et surtout les « moments parfaits » qu'elle cherchait à obtenir. Cela faisait cinq qu'il n'avait pas eu de nouvelles d'elle. Il va chez Camille et imagine leurs retrouvailles, en rêvant sur cette lettre. Un homme entre. Il vexe la serveuse en commandant et Antoine comprend qu'il est seul, comme lui. Entre alors le docteur Rogé, qui connaît cet homme et l'appelle M. Achille, en se moquant de lui. M. Achille est alors heureux. Antoine cherche à comprendre ce qui donne tant d'importance au docteur, et se dit que c'est l'expérience. Mais Antoine observe plus précisément le docteur et il comprend qu'il va bientôt mourir. Puis il s'en va.

Mercredi

Roquentin a écrit : « Il ne faut pas avoir peur. »

Jeudi

Roquentin consigne quelques considérations sur l'Histoire. Il projette de rejoindre Anny dans huit jours.

Vendredi

Roquentin a traversé le brouillard pour aller au café Mably. Il y a un couple à côté de lui, il les écoute parler et ils s'en vont. Une vieille entre et demande à voir M. Fasquelle, mais il n'est pas descendu. Elle veut le prévenir que Mme Florent, la caissière, ne viendra pas : elle est malade. Elle discute un peu avec le garçon de café puis s'en va. Antoine veut monter voir M. Fasquelle, mais il ne peut pas à cause du garçon. Il paye et s'en va. Il traverse le jardin public, voit un homme avec une pelisse et entre dans la bibliothèque. L'Autodidacte l'invite à déjeuner mercredi, Antoine accepte. L'Autodidacte part. Roquentin travaille jusqu'à deux heures, mais pas très bien. La salle de lecture, où il se trouve, lui semble différente. Il faut qu'il voie M. Fasquelle pour se rassurer et il va au café Mably. Mais il n'y a personne. Il panique et se retrouve devant le Jardin public. L'homme à la pelisse est encore là, et il y a une petite fille qui l'observe. Roquentin comprend ce que l'homme va faire quand il se lève, mais ce dernier le voit et s'arrête. La petite fille s'enfuit.

Antoine Roquentin est retourné dans la salle de lecture, mais il ne travaille pas. À sept heures, la bibliothèque ferme. Roquentin est un peu apeuré mais il s'élance tout de même dans la nuit, sous la pluie.

Samedi matin

Roquentin a déjeuné au café Mably. La caissière lui a

confirmé que M. Fasquelle était malade. Le diariste est heureux de penser qu'il va retrouver Anny, et un peu anxieux.

L'après-midi

L'année d'avant, le portrait d'Olivier Blévigne l'avait gêné. Aujourd'hui, comme il sait pourquoi, il retourne au musée de Bouville. Il est tout seul, le gardien s'est endormi. Puis un couple le rejoint. Il détaille plusieurs tableaux avant d'arriver à celui d'Olivier Blévigne, et il voit ce qui le gênait. Le peintre Bordurin avait exagéré sa taille. Après avoir tout vu, Antoine quitte la salle.

Lundi

Roquentin abandonne son livre sur Rollebon : il ne peut plus l'écrire. Il réfléchit alors, il se laisse aller à des divagations sur l'existence, le passé et le présent. Il ne sait pas ce qu'il va faire.
À quatre heures, il n'a toujours rien fait. Il continue de réfléchir, il observe sa main et s'amuse avec. Puis il prend son canif et se le plante dans la main. Quand cinq heures et demie sonnent, il sort. Il achète un journal et y lit qu'une petite fille a été retrouvée morte après avoir été violée. Il ne fait pas soigner sa main, et il réfléchit à ce meurtre et à l'existence. Il se met alors à commenter ce qu'il fait lui-même, il court, il souffle, il entre dans le *Bar de la Marine*, un bordel. Il entend alors un morceau de musique et se calme.

Mardi

Roquentin écrit : « Rien. Existé. »

Mercredi

Roquentin déjeune avec l'Autodidacte. Ils commandent, l'Autodidacte insiste pour qu'Antoine prenne les plats les plus chers, quand lui-même prend les moins chers. Ils discutent, l'Autodidacte lui raconte sa vie, la guerre, son entrée à la SFIO, son amour de l'Homme. Roquentin est dégoûté, et ils se disputent même un peu. Soudain, Antoine est à nouveau saisi de la Nausée. Il réfléchit sur l'inutilité de tout, il n'écoute plus ce que lui dit l'Autodidacte. Il se lève et quitte le restaurant. Il observe autour de lui puis saute dans un tramway. Il ne peut se défaire de la Nausée et saute hors du tram un peu après. Il se retrouve alors devant le Jardin public. Il entre et s'assied sur un banc. Il voit alors ce qu'il doit comprendre.

6 heures du soir

Antoine explique ce qu'il a compris dans le jardin, un peu plus tôt. En observant une racine sous son banc, les arbres, les oiseaux, le vent qui agitait la cime des arbres, il a compris ce que veut dire « exister ». Il a alors quitté le jardin, quand il eût appris tout ce qu'il pouvait.

Dans la nuit

Roquentin décide de quitter Bouville et de s'installer à Paris, puisqu'il n'écrit plus son livre. Il part vendredi.

Vendredi

Antoine écrit quelques impressions dans le *Rendez-vous des Cheminots*, avant de prendre le train.

Samedi

Roquentin est chez Anny. Mais sa chambre n'est pas décorée comme à l'ordinaire. Ils discutent : Anny lui apprend qu'elle avait besoin de lui, parce qu'il ne changeait pas, alors qu'elle avait bien changé. Ils évoquent des souvenirs, elle lui apprend ce qu'elle a fait pendant ces années, notamment du théâtre. Elle lui explique également ce que sont les « moments parfaits », et leur origine, les « situations privilégiées ». Elle lui avoue qu'elle est entretenue par un vieil Anglais, qu'elle va partir le lendemain pour Londres, puis en Egypte, et le met à la porte car elle attend un Allemand. Elle l'embrasse sur la bouche. Roquentin ne veut pas partir, il ne veut pas la quitter, mais elle ne veut pas qu'il revienne. La porte se referme sur lui.

Dimanche

Antoine s'est promené toute la journée, puis il est allé attendre Anny à la gare Saint-Lazare. Il l'a vu arriver, avec un homme qui était peut-être égyptien. Il les a observés, et particulièrement Anny, jusqu'à ce que le train parte. Elle n'a même pas bougé. Roquentin a repensé à un restaurant où ils ont été un jour, Piccadilly. Il s'y est rendu et s'est assoupi. Il a quelques réflexions sur les villes et la nature, qui deviennent un cauchemar. Il se réveille en sursaut et voit qu'il est minuit. Il pense à Anny.

Mardi à Bouville

Roquentin se sent libre. Il est sur une colline, et, de là, il observe toute la ville, ne sentant plus la Nausée. Il a encore des réflexions, qui se muent en hallucinations, et il imagine que tous les habitants ont une partie de leur corps qui se transforme. Il se demande alors ce qu'ils penseraient de leur dignité si cela arrivait vraiment. Puis le soir tombe, et il descend de la colline.

Mercredi : mon dernier jour à Bouville

Antoine est au café Mably et il raconte ce qui s'est passé au moment où il s'est rendu pour la dernière fois à la bibliothèque. Il a rendu deux volumes qu'il avait empruntés, et devant le nouveau visage qu'arborait la salle, il s'installa et lut le journal. Une grosse dame s'assit à sa droite et en face de lui, un vieil homme dormait. L'Autodidacte entra, le salua de loin et s'installa loin de lui. Le diariste reprit son journal et continua de le lire. Entrèrent alors deux jeunes garçons. Ils restèrent un peu près du poêle puis s'assirent à côté de l'Autodidacte. Roquentin avait fini son journal, quand il entendit des chuchotements : l'Autodidacte parlait aux deux jeunes garçons. La grosse dame, le bibliothécaire, surnommé « le Corse », et Antoine observaient cette scène, en attendant quelque chose. Puis Antoine détourna les yeux. En entendant l'Autodidacte rire, il les releva pour le voir sans en avoir l'air. Il vit alors que l'Autodidacte caressait d'un doigt la main d'un des deux enfants. Soudain, ils entendirent le Corse hurler. Il s'était déplacé sans un bruit, jusqu'à venir derrière l'Autodidacte. Les deux garçons partirent alors, et le Corse hurla sur l'Autodidacte, qui se défendait faiblement. La grosse dame vint appuyer l'attaque du Corse. L'Autodidacte se défendit encore, puis lut, tout en menaçant le bibliothécaire si jamais il le frappait. Antoine s'était levé, mais le Corse, fulminant, donna un violent coup de poing au nez de l'Autodidacte. Il lui asséna un second coup, sur les lèvres, et l'Autodidacte retomba sur sa chaise. Il se décida à s'en aller. Antoine les avait rejoints et il se saisit du Corse et le souleva. Mais il le lâcha tout de suite après. L'Autodidacte fut chassé par le Corse, et Roquentin le suivit, mais il refusa l'aide d'Antoine.

Une heure plus tard

Antoine traverse une dernière fois des lieux de Bouville qu'il a bien connus, mais il ne reconnaît plus rien. Il parle encore de lui et de ce qu'il ressent à la troisième personne, avant d'arriver au *Rendez-vous des Cheminots*. Il vient dire adieu à la patronne. Ils discutent un peu, elle lui dit qu'il lui manquera, mais elle espère qu'il reviendra ; elle lui offre quelque chose à boire et elle va rejoindre l'homme qui couche avec elle depuis peu. Antoine fait ses comptes. Il se rend compte qu'il ne peut pas arrêter d'écrire, sinon la Nausée reviendra. Madeleine lui propose de mettre son disque préféré, pour la dernière fois. Il réfléchit à nouveau à la musique, et à la capacité de la chanteuse à être là par la voix, sans être là physiquement. Quand le morceau s'arrête, il imagine comment la chanson a été écrite. Roquentin demande à Madeleine d'écouter à nouveau le disque. C'est alors que pour la première fois depuis longtemps, il est ému par cet homme. Il voudrait connaître des choses de sa vie. Et là, il comprend comment il peut échapper à la Nausée. Il n'a pas beaucoup d'espoir de s'en débarrasser, mais l'écriture pourrait un peu le délivrer. Pas un livre d'histoire, mais un roman. Quelqu'un penserait à lui comme il pense maintenant à la Négresse qui chante, à l'homme qui a composé cette chanson. Et même si le début serait dur à supporter, en repensant à tout le parcours qu'il aurait fait pour achever ce livre, il pourrait s'accepter.

LES RAISONS
DU SUCCÈS

La Nausée paraît un an avant la déclaration de la Seconde Guerre Mondiale, en 1938. Mais le travail que ce roman philosophique a nécessité fut de huit ans. Il s'inspire notamment de la phénoménologie allemande, et son élaboration est contemporaine de la montée en Allemagne du nazisme.

En France, Sartre n'a pas pu échapper au succès du Front Populaire en 1936, même s'il est alors « apolitique », ni même aux nombreuses grèves qui ont lieu dans tout le pays, surtout pendant la crise des années 1932-1935. Peut-être cela a-t-il influencé le fait que l'Autodidacte soit un membre de la Section Française de l'Internationale Ouvrière. Seulement, le Front Populaire revoit vite ses actions à la baisse, et dès 1937, année où Sartre voit son texte accepté par Gallimard, il annonce la « pause sociale ». Un an plus tard, Daladier remet « la France au travail ».

Le mouvement littéraire et philosophique qui se développe alors est l'existentialisme, impulsé dès le XIXe siècle par Kierkegaard, Nietzsche ou Kafka, mais qui se développe encore par les travaux de Karl Jaspers, Martin Bubers et Heidegger en Allemagne, Simone de Beauvoir, Albert Camus, Sartre lui-même ou encore Merleau-Ponty en France. *La Nausée* est donc un roman existentialiste ancré dans son temps, rehaussé de phénoménologie, tirée de son travail sur Husserl qu'il effectue en 1933-1934, à Berlin. Tous ces auteurs ont donc eu une grande influence sur cette œuvre, qui donne d'ailleurs une assez bonne idée de la direction que va prendre toute la pensée philosophique de Sartre alors.

Dans le cas de *La Nausée*, ce qui explique d'ailleurs peut-être ce travail aussi long, la pensée philosophique va subir un traitement romanesque sous l'influence de plusieurs romanciers : Joyce, Kafka, Queneau, Duhamel et Céline, dans *L'Église* notamment – Sartre en reprend une citation pour la mettre en épigraphe de son propre roman. A leur manière, ces œuvres ont donc également influencé *La Nausée*. Le travail que fournit Sartre fut récompensé : après avoir dû retrancher une quarantaine de pages du manuscrit qu'il a remis à Gallimard en 1937, et après avoir accepté de changer le titre primitif du roman, *Melancholia*, en *La Nausée*, lorsque le roman paraît, il est salué par le monde littéraire d'alors. C'est même le début de la notoriété pour lui, ce roman ratant de peu le prix Goncourt.

La Nausée n'aura pas d'influence directe sur d'autres auteurs – même si le personnage principal, Antoine Roquentin, peut rappeler, par certains aspects au moins, le personnage principal de *L'Étranger* de Camus, Meursault – mais tout le bagage philosophique qu'elle contient alimentera la philosophie d'une bonne partie du XXe siècle.

LES THÈMES PRINCIPAUX

L'un des thèmes principaux de *La Nausée* est bien entendu la philosophie existentialiste. Antoine Roquentin va suivre le cheminement de la conscience tel que l'existentialisme le définit, jusqu'à affirmer vouloir « être » : « [la musique] n'existe pas, puisqu'elle n'a rien de trop : c'est tout le reste qui est de trop par rapport à elle. Elle *est*. Et moi aussi j'ai voulu *être*. Je n'ai même voulu que cela ; voilà le fin mot de l'histoire. » Mais la prise de conscience de l'existence doit avoir un sens. C'est pour ça qu'il n'est capable au début que d'avoir cette « Nausée » si persistante, qui accompagne sa solitude. Ce n'est que lorsqu'il comprend qu'il peut donner un sens à sa vie que Roquentin peut adoucir cette nausée :

« Ils sont un peu pour moi comme des morts, un peu comme des héros de roman ; ils se sont lavés du péché d'exister. Pas complètement bien sûr – mais tout autant qu'un homme peut faire. Cette idée me bouleverse tout d'un coup, parce que je n'espérais même plus ça. […] Quelque chose que je ne connaissais plus : une espèce de joie. La Négresse chante. Alors on peut justifier son existence ? Un tout petit peu ? Je me sens extraordinairement intimidé. »

L'art est alors un moyen de donner un sens à son existence. C'est un autre thème du roman, exploré sous différents genres. Il y a la musique, dont Sartre nous dit qu'elle délivre Antoine Roquentin, même si c'est un seul morceau en particulier : « Ce qui vient d'arriver, c'est que la Nausée a disparu. Quand la voix s'est élevée, dans le silence, j'ai senti mon corps se durcir et la Nausée s'est évanouie. » La peinture est également un exutoire, surtout lorsqu'elle lui permet de comprendre pourquoi il ressent une certaine gêne en observant le tableau d'Olivier Blavigne : « le portrait d'olivier Blévigne me frappa. Défaut de proportions ? De perspective ? Je n'aurais su dire, mais quelque chose me gênait : ce député n'avait pas l'air d'aplomb sur sa toile. » Le théâtre est également présent, et c'est lui qui délivra Anny de son obsession des « moments parfaits », parce qu'il exige que le spectateur soit le seul à en profiter : « Alors, tu comprends, mon petit, dit-elle d'un ton traînant et presque canaille, j'ai tout envoyé promener. » La littérature est enfin le dernier art qui permet de donner un sens à son existence. D'ailleurs, d'une manière assez subtile, c'est la littérature qui motive le personnage même d'Antoine Roquentin, et son parcours, puisqu'on ne le connaît que parce qu'il a laissé une trace écrite de lui, un journal : « Pour que l'événement le plus banal devienne une aventure, il faut et il suffit qu'on se mette à le raconter », « Moi j'avais essayé d'écrire ce livre… », « La vérité, c'est que je ne peux pas lâcher ma plume : je crois que je vais avoir la Nausée et j'ai l'impression de la retarder en écrivant. », « Un livre. Un roman. Et il y aurait des gens qui liraient ce roman et qui diraient : « C'est Antoine Roquentin qui l'a écrit, c'était un type roux qui traînait dans les cafés », et ils penseraient à ma vie comme je pense à celle de cette Négresse : comme à quelque chose de précieux et d'à moitié légendaire. »

La philosophie existentialiste irrigue une bonne partie du roman. C'est ainsi qu'elle atteint un autre thème, l'Histoire, en y ajoutant des idées phénoménologiques : « Ne pas trop réfléchir sur la valeur de l'Histoire. On court le risque de s'en dégoûter », « l'histoire, ça parle de ce qui a existé – jamais un existant ne peut justifier l'existence d'un autre existant. » Mais la vision de l'Histoire est alors négative, car un retour sur le passé ne peut permettre de prendre conscience totalement de la chose, de son existence.

Enfin, un thème qui a moins trait à la philosophie, mais plus à la pensée sartrienne elle-même, c'est la critique de la société bourgeoise, cette société qui a une vie rangée et ses habitudes, à tel point que c'est un « spectacle de qualité » pour Antoine, dont il décrypte les codes et s'en amuse.

ÉTUDE DU MOUVEMENT LITTÉRAIRE

Sartre a été fortement influencé par l'existentialisme et la phénoménologie. L'existentialisme est un courant philosophique et littéraire qui affirme que l'être humain forme l'essence de sa vie par ses propres actions, et qui s'oppose donc à la thèse que ces dernières lui sont prédéterminées par des doctrines théologiques, philosophiques ou morales. L'existentialisme considère donc chaque personne comme un être unique qui est maître non seulement de ses actes et de son destin, mais également des valeurs qu'il décide d'adopter, que ce soit pour le meilleur, ou pour le pire.

Sartre résume l'existentialisme dans cette phrase : « L'existence précède l'essence. » Il affirme par là qu'après être apparu dans le monde, nous existons, puis nous nous définissons en fonction de nos actions, dont nous sommes pleinement responsables. Et c'est cela même qui distingue l'être vivant de l'objet manufacturé : ce dernier se définit par son essence, la fin pour laquelle il a été conçu, ce qui constitue son point de départ, quand, pour le premier, l'essence est l'aboutissement de ses actions. Nietzsche et Kierkegaard sont considérés comme les précurseurs de l'existentialisme, dès le XIXe siècle, mais le XXe siècle voit cette philosophie se structurer autour des travaux de Jaspers et Buber en Allemagne, dans les années 1930, avant d'arriver en France, avec Sartre qui revient de son séjour.

L'existentialisme fut également défini par un lieu précis : Saint-Germain-des-Prés, un quartier plutôt chic, bourgeois, comme certains des penseurs – comme Sartre lui-même, mais il se défendait d'appartenir encore à cette classe. Il n'y a pas vraiment de point commun à tous les existentialistes, puisqu'il y avait même de nombreuses différences dans la façon que chacun avait d'aborder l'existentialisme, et parfois très grandes – comme l'existentialisme athée que prônait Sartre, face à l'existentialisme théiste de Tillich ou Marcel.

Seulement, ils ont tous en commun les thèmes qu'ils traitent, à savoir, la peur, l'ennui, l'aliénation, l'absurde, la liberté, l'engagement et le néant qu'ils considèrent comme des éléments fondamentaux de l'existence humaine.

Sartre ramena d'Allemagne une autre philosophie, la phénoménologie. Cette philosophie se concentre sur l'étude de l'expérience et des contenus de conscience. L'étude de l'expérience vécue est donc fondamentale. Ce fut Husserl qui fonda ce courant philosophique au début du XXe siècle, avec la volonté de structurer l'étude et l'analyse des structures des actes de conscience dans des systèmes. Mais le terme se retrouve bien avant lui, dès les travaux de Kant. Fichte, Hegel et Schopenhauer l'utilisèrent également avant lui.

Sartre s'en inspirera pour colorer sa vision de l'existentialisme et en faire un moyen de parvenir à l'accomplissement de cet existentialisme. La phénoménologie étant une science des phénomènes, elle est une description de la façon dont les choses se donnent à la conscience. La description des choses va alors permettre de découvrir leur essence, et ce qu'est cette conscience qui les pense. L'existentialisme n'hésite alors pas à multiplier les descriptions, pour toujours mieux comprendre, et remplir, cette essence. L'existentialisme, avec, *a priori*, la phénoménologie, fera de l'existentialisme sartrien un existentialisme à part, comme le furent à peu près tous les existentialismes du XXe siècle.

DANS LA MÊME COLLECTION
(par ordre alphabétique)

- **Anonyme**, *La Farce de Maître Pathelin*
- **Anouilh**, *Antigone*
- **Aragon**, *Aurélien*
- **Aragon**, *Le Paysan de Paris*
- **Austen**, *Raison et Sentiments*
- **Balzac**, *Illusions perdues*
- **Balzac**, *La Femme de trente ans*
- **Balzac**, *Le Colonel Chabert*
- **Balzac**, *Le Lys dans la vallée*
- **Balzac**, *Le Père Goriot*
- **Barbey d'Aurevilly**, *L'Ensorcelée*
- **Barbey d'Aurevilly**, *Les Diaboliques*
- **Bataille**, *Ma mère*
- **Baudelaire**, *Les Fleurs du Mal*
- **Baudelaire**, *Petits poèmes en prose*
- **Beaumarchais**, *Le Barbier de Séville*
- **Beaumarchais**, *Le Mariage de Figaro*
- **Beauvoir**, *Mémoires d'une jeune fille rangée*
- **Beckett**, *Fin de partie*
- **Brecht**, *La Noce*
- **Brecht**, *La Résistible ascension d'Arturo Ui*
- **Brecht**, *Mère Courage et ses enfants*
- **Breton**, *Nadja*
- **Brontë**, *Jane Eyre*
- **Camus**, *L'Étranger*
- **Carroll**, *Alice au pays des merveilles*
- **Céline**, *Mort à crédit*
- **Céline**, *Voyage au bout de la nuit*

- **Chateaubriand**, *Atala*
- **Chateaubriand**, *René*
- **Chrétien de Troyes**, *Perceval*
- **Cocteau**, *Les Enfants terribles*
- **Colette**, *Le Blé en herbe*
- **Corneille**, *Le Cid*
- **Crébillon fils**, *Les Égarements du cœur et de l'esprit*
- **Defoe**, *Robinson Crusoé*
- **Dickens**, *Oliver Twist*
- **Du Bellay**, *Les Regrets*
- **Dumas**, *Henri III et sa cour*
- **Duras**, *L'Amant*
- **Duras**, *La Pluie d'été*
- **Duras**, *Un barrage contre le Pacifique*
- **Flaubert**, *Bouvard et Pécuchet*
- **Flaubert**, *L'Éducation sentimentale*
- **Flaubert**, *Madame Bovary*
- **Flaubert**, *Salammbô*
- **Gary**, *La Vie devant soi*
- **Giraudoux**, *Électre*
- **Giraudoux**, *La Guerre de Troie n'aura pas lieu*
- **Gogol**, *Le Mariage*
- **Homère**, *L'Odyssée*
- **Hugo**, *Hernani*
- **Hugo**, *Les Misérables*
- **Hugo**, *Notre-Dame de Paris*
- **Huxley**, *Le Meilleur des mondes*
- **Jaccottet**, *À la lumière d'hiver*
- **James**, *Une vie à Londres*
- **Jarry**, *Ubu roi*
- **Kafka**, *La Métamorphose*
- **Kerouac**, *Sur la route*
- **Kessel**, *Le Lion*

- **La Fayette**, *La Princesse de Clèves*
- **Le Clézio**, *Mondo et autres histoires*
- **Levi**, *Si c'est un homme*
- **London**, *Croc-Blanc*
- **London**, *L'Appel de la forêt*
- **Maupassant**, *Boule de suif*
- **Maupassant**, *Le Horla*
- **Maupassant**, *Une vie*
- **Molière**, *Amphitryon*
- **Molière**, *Dom Juan*
- **Molière**, *L'Avare*
- **Molière**, *Le Malade imaginaire*
- **Molière**, *Le Tartuffe*
- **Molière**, *Les Fourberies de Scapin*
- **Musset**, *Les Caprices de Marianne*
- **Musset**, *Lorenzaccio*
- **Musset**, *On ne badine pas avec l'amour*
- **Perec**, *La Disparition*
- **Perec**, *Les Choses*
- **Perrault**, *Contes*
- **Prévert**, *Paroles*
- **Prévost**, *Manon Lescaut*
- **Proust**, *À l'ombre des jeunes filles en fleurs*
- **Proust**, *Albertine disparue*
- **Proust**, *Du côté de chez Swann*
- **Proust**, *Le Côté de Guermantes*
- **Proust**, *Le Temps retrouvé*
- **Proust**, *Sodome et Gomorrhe*
- **Proust**, *Un amour de Swann*
- **Queneau**, *Exercices de style*
- **Quignard**, *Tous les matins du monde*
- **Rabelais**, *Gargantua*
- **Rabelais**, *Pantagruel*

- **Racine**, *Andromaque*
- **Racine**, *Bérénice*
- **Racine**, *Britannicus*
- **Racine**, *Phèdre*
- **Renard**, *Poil de carotte*
- **Rimbaud**, *Une saison en enfer*
- **Sagan**, *Bonjour tristesse*
- **Saint-Exupéry**, *Le Petit Prince*
- **Sarraute**, *Enfance*
- **Sarraute**, *Tropismes*
- **Sartre**, *Huis clos*
- **Senghor**, *La Belle histoire de Leuk-le-lièvre*
- **Shakespeare**, *Roméo et Juliette*
- **Steinbeck**, *Les Raisins de la colère*
- **Stendhal**, *La Chartreuse de Parme*
- **Stendhal**, *Le Rouge et le Noir*
- **Verlaine**, *Romances sans paroles*
- **Verne**, *Une ville flottante*
- **Verne**, *Voyage au centre de la Terre*
- **Vian**, *J'irai cracher sur vos tombes*
- **Vian**, *L'Arrache-cœur*
- **Vian**, *L'Écume des jours*
- **Voltaire**, *Candide*
- **Voltaire**, *Micromégas*
- **Zola**, *Au Bonheur des Dames*
- **Zola**, *Germinal*
- **Zola**, *L'Argent*
- **Zola**, *L'Assommoir*
- **Zola**, *La Bête humaine*
- **Zola**, *Nana*
- **Zola**, *Pot-Bouille*